「夫婦神話」を捨てたら 幸せになっちゃいました

心屋仁之助

WAVE出版

はじめに

「大好きな人と結婚したのに、なんでこんなにうまくいかないんだろう」
「なんで、あの人は私が嫌がることばっかりするんだろう」
「なんで、何度言ってもわかってくれないんだろう」
「なんで、お互い理解し合えないのだろう」

なんで、なんで、なんで!?

そして、こう思います。
「もう、夫婦としてやっていけないかもしれない……」

お気持ち、すご――――くわかります。
だって以前の僕も、まったく同じように感じていたから。

僕が奥さんと結婚したのは、今から8年前。二度目の結婚でした。
でも、結婚して一緒に住み始めてから喧嘩も増えたし、話も合わないし、理解し合えない。

僕はしょっちゅう怒っていたし、彼女はしょっちゅう泣いていました。

泣いている彼女も辛かっただろうけど、怒っている僕も勝手ながら辛かった。もう、どうしていいかわからなかった。
まるで解けない知恵の輪のように、負のループからなかなか抜け出せず、苦しんでいました。

今だから言えますが、「もう、これはアカンわ」と何度も離婚の文字が頭をかすめました。

でもそんな僕たち夫婦が、長年、心から大量の血を流しながら、もがきながら、ドロドロの葛藤を経て、自分たちも驚くほど仲良し夫婦になっていったんです。

さらに結婚当初は、売れない心理カウンセラーだった僕が、奥さんとの結婚生活から得た学びを実践していくことで、仕事も収入もどんどん増えていき、今や当時の年収の10倍以上に！

以前は、あんなにお金に苦労していた僕が、頑張っていないのに、なぜかお金がいっぱい入ってくるようになりました。

そう！　奥さんは、僕にとって「金の卵を産むガチョウ」だったのです。

またそれまでの僕は、人間関係に悩みがちで、しょっちゅう落ち込んだりイライラしてしまう人でした。でも、奥さんと出会ってから、そういった悩みまでなくなり、僕自身がラクに生きられるようになっていきました。

この本は、そんな僕たち夫婦が苦しみの末に生み出した、夫婦円満の秘訣や、夫婦で楽しく豊かになる方法をお伝えするために書きました。

それは逆に、「なぜうまくいかなかったのか」という知られざる理由を、はじめて解き明かした本になるのかもしれません。

本書は、僕、心屋仁之助を犬、奥さんを猫というキャラクターに見立てて、ストーリーが進んでいきます。

時には、僕ら夫婦喧嘩の様子も、犬と猫によってリアルに描かれています（あぁ、恥ずかしい……）

でも、夫婦喧嘩って、本人たちは真剣だし辛いですが、はたから見たら結構しょーもない（笑）。他人が見たら、まるで夫婦漫才みたいじゃないですか。「おたくら、何やってんの？」って。

なので今、夫婦関係で悩んでいる方にも、僕ら夫婦のしょーもないコントを、時には笑いながら、時には失笑しながら、時には呆れながら、読んでいただけたら嬉しいです。それがきっと、うまくいかない夫婦の謎を解き明かすことになると思うのです。

そしてこれは、うちの夫婦が幸せだからマネしてね、なーんて話ではありません。ひとつの例として、「あっ、こんな夫婦の形もアリなんだ！」と参考にしていただけたら嬉しいです。

この本をお読みになる方が、本書をキッカケに、幸せな夫婦の形を見つけて、もっとラク～に楽しく豊かな人生を送れますように。

心屋仁之助

2019年5月

夫婦神話を捨てたら幸せになっちゃいました——目次

第1章

最初から夫婦円満は超————奇跡!!

第2章

世界を救う「飛ぶ族」「飛ばね族」理論

第3章

さらに見つけてしまった！「めっちゃ族」「ふーん族」理論

第4章 違いを笑えると、なんでもOKになる

第5章 一生お金に困らない結婚生活を送るために

装幀・カバー・イラスト挿画／和全（Studio Wazen）
執筆協力／鮫川佳那子
編集／大石聡子
DTP／NOAH

第1章

最初から夫婦円満は超――奇跡!!

完璧な夫婦なんて、世の中にほとんどいません！

僕たち夫婦が本当の意味で仲良くなったのは、じつはここ1～2年の話。
最初の6年は、喧嘩ばかりしていました。
というか、僕が怒ってばかりいました。

なぜなら、僕にとって奥さんは、理解できない生き物だったから。

「なんで、そんなことするの？」

「なんで、こうしないの？」

そんな疑問の塊だったんです。

そう言うと、「結婚する前に気づかなかったの？」とよく言われるんですが、付き合っているときって、お互い自分のいいところしか見せないものですよね。

それに独身時代は、彼女は静岡、僕は京都に住んでいて、遠距離恋愛だったので、週末にデートするぐらい。そのときも多少嫌なこともあったんだろうけど、たまに会うぐらいだとそこまでは気づかない。ガマンできる程度だったんですね。

でも、一緒に暮らし始めると、そういうわけにはいかないわけで。

金銭感覚も違うし、お互いのルールも違う。彼女は僕が大事にしているルールをガンガン破ってくるので、僕はそれが許せなくて、しょっちゅうキレていました。

今思えば、育った環境も価値観も違う二人が一緒に暮らすって、簡単なことではないと思うんですよね。

そもそも、最初から夫婦円満って超～奇跡なんですよ。

でも世の中には、いつも仲良しで、相性ピッタリの夫婦もいるよね。

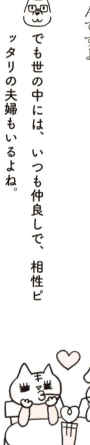

そうそう！　「喧嘩したことなんか一回もない」っていう夫婦とか。

「尊敬している」とか「愛している」とか言っちゃってね。もう、腹立ってくるよね～。でもそういう夫婦を見て、「あの人たちはいいなぁ」って羨ましかったんだよなぁ。

そうだよね。「喧嘩ばかりしている私たちはダメなんだ」って落ち込んでいたよね。

こんな風に僕たちは、「あの人たちみたいに仲良しになれない。われわれはダメなんだ」って、自分たちのことをずっと責め続けていました。

そんな完璧な夫婦、じつは世の中にそんなにいないのに（心屋調べ）。

最初から夫婦円満って超――――奇跡なのに。

ホント、変態だったと思うわ。

心屋夫婦からのワンポイント・アドバイス

最初から夫婦円満を目指すのは、諦めよう。無理だから。

「謎のマイルール」を押し付けようとするから、喧嘩する

結婚当初、僕はものすごく怒りんぼさんで、奥さんは泣き虫さんでした。

ホント、怒ってばっかりだったよね。私が「そんなに怒らないでよ」って泣くと、「だったら怒らせるなよ」ってもっとキレる。そんな人だった。

じゃあ僕は何を怒っていたかというと、「なんでこうしないんだ」「なんでそんなことするんだ」って怒っていた。
それをさらに紐解けば、「なんで僕と同じようにしないんだ」って……。最低やね（笑）。

たとえば、こんな出来事がありました。

奥さんが友人と飲み会に行って、深夜まで帰ってこないことがよくありました。でも僕はお酒を飲まない人だから、そんなに遅くまで飲むという感覚がわからなかった。

それに「普通、妻という生き物は、日が変わるまでには帰ってくるだろう」と思い込んでいたから、奥さんが夜の12時までに帰ってこない、その上遅くなるという連絡もないことにイライラして、その日は大炎上でした。

独身時代、深夜まで飲むなんてよくあることだったから、仁さんがあんなに怒るなんて思わなかったんだよね。
それに、飲んでいたら楽しくなって、時間のことが飛んじゃったんだよね。

君にとって「あるある」が、僕にとって「ないない」だったのよ。
しかも、「遅くなってごめんねー」と申し訳なさそうに帰ってくるかと思いきや、

君はほろ酔いで「ただいま〜。まだ起きてたの？」って楽しそうに言いよる。「起きてたわ!!」ってよけいにキレてたよね。

奥さんに対して僕は怒っていましたが、一方で悲しかったのです。

自分が大切にしている「こうしてほしい」「こうしないでほしい」というルールを破られて。「なぜ君は、僕が大事にしているルールを守ってくれないんだ」って。

とはいえ、「妻という生き物は普通、日が変わるまでに帰ってくるだろう」って、今考える

と謎のルールですよね。誰がつくったマイルールなんだろうって。
じつは、夫婦喧嘩の大半って、この「謎のマイルール」が原因だったりするのです。

心屋夫婦からのワンポイント・アドバイス

イライラの原因は、あなたが勝手につくった「謎のマイルール」かもしれません。

今まで守ってきたマイルールを破ると人生が変わる

奥さんは、僕が大事に守ってきた、守らなければヤバいと思い込んでいた「謎のマイルール」を、無意識に次々とぶち壊していきました。

それまで僕は、常に「いい人」であろうと気をつかって生きてきたので、たとえばコンビニの店員さんやタクシーのドライバーさんなどいろんな相手に対して、気分を害さないように、常に愛想をふりまく癖がついていました。

でも、奥さんは疲れてスイッチが切れると、愛想の一つさえなくなってしまう。

僕がタクシーのドライバーさんと、

へぇ〜！　そうなんですかー。なるほど〜。

と笑顔で受け応えをしていても、隣りの奥さんは、

……（無言）

能面みたいな顔をしているんです。
僕が一所懸命、

ドライバーさん、面白いですね～。あははは!!

と愛想笑いをしても、

……（無言）

と、面白くなかったら絶対笑わないんですよ。

また僕は母親から、

食べ物は残しちゃダメ！　もし残したとしても、ご飯粒を一カ所に集めて、きれいに残しなさい！

と言われて育ちました。

食べ終わったらお箸は揃えなければいけないし、なんなら箸袋に入れなくちゃいけない。残すとしても、「すいません、残してしまって」

と店員さんに謝らなければならないと。

でも奥さんは平然とそのルールを破るので、外食に行くたびに僕は「店員さんになんて思われるんだろう」とヒヤヒヤしていたし、

残したらアカンやろ！　なんで残すの？

なんでって言われても……。　おなかいっぱい。

という、やりとりをよくしていました。

そんなある日、奥さんを実家に連れて帰ったときのこと。

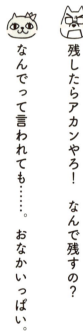

やっぱり彼女は、僕の実家でもいつもと同じように、ご飯を残すわけです。しかもご飯粒を集めず汚く残すのです。だから、うちの母親になんて言われるんだろうと怯えながら様子を見ていたのですが……。

母親はそれに対して、何も言わなかったんですよ。

ちょっと待って。「残しちゃダメ、もし残すならきれいに残せ」って言われて育てられて、この数十年、一所懸命そのルールを守って生きてきたのに。あれはいったいなんだったの？

と母親に言うと、

えっ!?　私、そんなこと言ったっけ？

という調子だったんですよ。もう、衝撃やったわ。

僕は、ルールを守らないと嫌われる、周りから怒られると怖がっていたんですね。だから、そのルールを守って守って苦しく生きてきた。キューキューとして生きてきた。

でも奥さんは、そんなルールなんて守らなくても、今まで楽しく生きてきた。どんなに無愛想にしていても、友達がいっぱいいて、愛されて生きてきた。

そんな彼女を見て、「こんなんもアリなんや！」と思って、僕はそれまでのマイルールを犯し始めるようになりました。

そうしたら、人生が劇的に変わっていったんです。

心屋夫婦からのワンポイント・アドバイス

最初は怖いかもしれないけど、今まで握りしめていたマイルールを破ってみよう。人生が劇的に変わるから。

ポンコツになると なぜか愛される

以前の僕は、「みんなの役に立たなければいけない」「役に立たなければ嫌われる」と思い込んでいて、いつも気を張って生きていました。

でも奥さんは、周りの役に立とうと生きているわけではないのに、なんなら何もしていないのに、みんなに愛されているし、幸せそうに生きている。

だから僕は、

こっちはこんなに頑張っているのに、なんで？

と腹が立っていたのですが、勇気を出して奥さんのようにボーッと生きるようにしてみたんです。気をまわさず、気をつかわず、人の気持ちを考えずに。

そうしたら、ものすごく忘れ物をするし、だんだんポンコツになっていきました。

今までできていたことができなくなった、ということも増えるわけです。

でも一方で、自分がポンコツになればなるほど、周りの人が助けてくれるようになっていったんです。そして不思議なことに、みんな僕を助けることを喜んでくれるようになっていきました。

また僕が忘れ物をしたり、遅刻したり、ドジをしたり、迷惑をかけたりすると、みんなやけに喜んでくれるようにも。これはいったいなんなんだ……謎です（笑）。

僕はそれまで、人は自分の母親のように厳しいと思っていたけれど、自分がポンコツになることを許すと、人って優しいんだってことに初めて気づきました。

どうやら僕たちは、役に立たなくても、嫌われないし愛されるんです（にわかには信じられませんでしたが）。

だから、そんなに必死に、迷惑をかけないようにと頑張らなくても大丈夫なんです。

心屋夫婦からのワンポイント・アドバイス

そんなに頑張らなくてもいい。ポンコツになって愛されよう！

夫婦の葛藤が、器を大きくする

奥さんを通じて、「こうあるべき」と思っていたルールがぶち壊されていくにつれて、僕の狭〜い狭〜い価値観が、メリメリメリメリメリッと音を立てて広げられていきました。

メリメリメリメリメリッと広げられるたびに、僕の心からは大量の血が流れ出ていきました。

でも、血が流れても、奥さんはまったく治療してくれないんですよ。満身創痍でボロボロなのに、完全放置。

すると、その血がしばらくすると風化していき……

最終的に「あっ、このルールいらなかったんだ」と気づいて、僕の器がどんどん広がっていったのです。

そうすると、僕の性格も変わっていきました。

以前の僕は、ルールを破る人を許せなかった。

たとえば、遅刻をする人、時間を守らない人に厳しかったんです。

ホントに怖かったよね。私が遅刻すると怒るし、時間通りに来ないスタッフにもすごくピリピリしてた。スタッフの子たちもみんな怖がっていたもん。

うわぁぁぁぁぁ、昔の話はやめて――。恥ずかしい――。（頭を抱えて悶絶）

そうなんです。以前の僕は、本当に器が小さかった。

でも、そんな僕が、「こうあるべき」というマイルールを取っ払った瞬間から、周りにも優しくできるようになったし、なにより僕自身がラクに生きられるようになっていきました。

心屋夫婦からのワンポイント・アドバイス

理解できない相手の言動は、自分の器を広げるチャンスと思おう！

夫婦の葛藤が、仕事のヒントになることもある

そうやって奥さんと暮らす中で、僕みたいにルールガチガチで生きている人が、世の中にはたくさんいることに気づきました。

日本人って、周りに気をつかいながら、がんばって生きているいい人が多いから、常に感じよくいよう、笑顔でいようと、笑顔が張り付いてしまっている人も少なくないんです。

そして、そういういい人たちが苦しくなって、僕のカウンセリングを受けに来られたり、セミナーに参加してくださるので、僕のセミナーでは「悪い奴になろう」というワークをするようになりました。

たとえば、みんなでランチに行ったら、ごはんをあえて残そう、しかもキレイに食べないでみよう、店員さんに無愛想になってみよう、話がつまらなかったら笑わないようにしよう、などです。

でも、みなさん基本的にいい人だから、「そんなひどいことをしたら嫌われる、見捨てられる、もうここにいられない」という恐怖に包まれてしまい、最初は戸惑う方が多いのですが、日常でもそういったワークをし続けていただくと……

「あんなに頑張らなくても、嫌われないし、大丈夫だったんだ！」と気づいて、必要以上に気をつかったり、愛想をふりまくことをやめられるようになっていきました。

こうして、奥さんとの葛藤から生まれた気づきが、〝心屋理論〟の基礎になっていったのです。

心屋夫婦からのワンポイント・アドバイス

悩みはすべてネタ。今あなたが抱えている悩みで、将来飯が食えるかもしれません。

第2章 世界を救う「飛ぶ族」「飛ばね族」理論

衝撃の事実！奥さんと僕は全然違う生き物だった！

結婚以来、奥さんを理解するためには、どうしたらいいのだろうと、ずっと悩み続け、何年も研究してきた結果……ある衝撃の事実がわかりました。

どうやら奥さんと僕は、まったく違う生き物だったのです。

世の中には、奥さんのように意識がよく飛ぶ「飛ぶ族」と、僕みたいに意識が飛ばない「飛ばね族」というのがいることに気づいたのです。

「飛ぶ族」というのは、日常生活で頭の中が真っ白になったり、気づいたら意識がどこかに飛んでいってしまう人たち。

だからよくボーッとしているし、時間どおりに物事を進められず、しょっちゅう遅刻したりするのです。

それまで僕は、そんな人がいることを知らなかったので、奥さんに怒ってばかりいました（みんな自分と同じだと思っていたので）。

たとえば、奥さんはじめ「飛ぶ族」の人は、一つのことに集中すると、話しかけられても耳に入ってこないんですよね。

でも僕ら「飛ばね族」からしたら、何かをしているときでも、話しかけられたら「何？」と聞ける人だから、悪意でないがしろにされたと思ってしまって、

なんで無視するの？

と怒っていたわけです。

奥さんからしたら、悪意なく意識が飛んでいただけだから、

えっ⁉　なんでそんなに不機嫌なの？

となるわけです。さらに悲劇なのは、僕が怒っている最中にも、奥さんは何度か意識が飛んでいってしまうんですね。だから、

今、話を聞いてなかっただろう！　まった

く反省していないだろう！

とさらに炎上するという悪循環に陥るのです。

でも、奥さんがそうなってしまうのは、悪意があるわけでもなんでもなくって、ただ「飛ぶ族」だから、なんですよ。

この法則を見つける前の僕は、それが理解できなくて、

「なんで話を聞いてないの？」
「なんで時間を守らないの？」
「なんでいつもボーッとしているの？」

と奥さんを責めてばかりいました。

そして、「もしかしたら、彼女は頭がおかしいのではないか」と心配もしました。

でも、それは頭がおかしいのではなく、答えはただ一つ！　「飛ぶ族」だったから。もう、徹底的に思考の性質が違う生き物だったのです。

しかも、そんな意識が飛ぶ人、奥さんだけかと思っていたら、この理論を見つけてから周りを見渡してみると、じつは人口の半分ぐらいが「飛ぶ族」だったのです。

そんな人がいても、ごく少数だと思っていたので、ホント、ビックリしたわ（笑）。

心屋夫婦からのワンポイント・アドバイス

どうしても理解できない「あの人」は、あなたとは違う生き物なのかもしれません。

天才肌の「飛ぶ族」と秀才肌の「飛ばね族」、あなたはどっち？

「飛ぶ族」と「飛ばね族」を一言でいうと、
「飛ぶ族」は一点集中タイプで、
「飛ばね族」はマルチタイプ。

「飛ぶ族」は何か一点に集中する天才タイプ。だから、一つのことに集中しているとほかのことができなくなってしまうんです。

一方「飛ばね族」は、同時に複数のことをこなせる秀才タイプ。そんなに努力しなくても、なんでも器用にこなしてしまうんです。

両者に優劣はありません。仕事や勉強ができるとかできないとか関係ない。視野の広さというのが、一番の大きな違いなんです。

たとえば「飛ぶ族」の人たちは、一つのことに集中すると周りが見えなくなってしまうので、一対一など少人数の会話はできるけれど、人が大勢いる場の空気を読んで話すのは苦手だったりします。

でも「飛ばね族」の人たちは、全体を俯瞰して見られるので、その場にいる人たちの空気を読んで話せます。

では、自分はどちらのタイプなのか、まずは自己分析してみてください。「飛ぶ族」「飛ばね族」のチェックリストをご紹介します。

さぁ、あなたは「飛ぶ族」「飛ばね族」どちらでしょうか？

〈飛ぶ族チェックリスト〉

「飛ばね族」から見たら、「えっ？　そんな人いるの？」という内容ばかり。

一つでも当てはまったら、あなたは「飛ぶ族」かもしれません。

★「話、聞いてる？」とよく言われる

★何かに集中していると、周りのことが世界から一切消えてしまうので、意図せず無視してしまうことがある

★一対一の会話なら空気を読むことはできるが、大勢の空気を読むのは苦手

★同時にいろんなことができない

★料理をするとき、コンロを3つ同時に使えない

★たたみかけて話されると、理解できない

★説明されてもあまり聞いていないので、いざやれと言われたときに何もできない

★9時に家を出るつもりなのに、気がつけば9時

★「ねぇ！　間に合わないよ」と言われる

★気づいたら夕方の4時だった、ということがよくある

★放っておいたら、スイッチが自動的に切れるオートスリープ機能付き。人生の中で空白の時間が結構ある

★ボーッとしていられるけれど、ボーッとしたくないときもボーッとしてしまう
★電車で降りる予定の駅を、よく乗り過ごす
たとえばA駅で降りる予定が、考え事をしたりほかのことに集中していると通りすぎてしまい、B駅まで行ってしまっている。そしてB駅で反対側のホームに行って、またA駅に向かう際も、また考え事をしていて、C駅に行ってしまう……。そうやって一向にたどり着けない（笑）
★よく笑われるけれど、なぜ笑われているのかよくわからない
★よく怒られるけれど、何を怒られているのかよくわからない
★冗談を真に受けて、バカにされることがよくある
★普通と言われることが、うまくできない
★信じられないミスをよくやらかす。でも、奇跡のリカバリーもよくする
★普通会えないようなすごい人になぜか会えたり、なぜかすごく大きな契約をとってきたり、仕事でもプライベートでもミラクルを起こす

★突飛なことを言って、周りをざわつかせる
★ネジ飛んでいるよね、天然だよね、と言われる
★基本、頭の中はお花畑。先のことはあまり考えない、というか考えられない
★お茶碗でご飯を食べているときに肘が上がり、漫画みたいに食べていることがある
★鳥に糞を落とされることがある
★冷蔵庫で謎のもの（携帯電話やテレビのリモコンなど「なぜそんなものを？」というもの）を冷やしたことがある
★顔を洗うと洗面所がびしょびしょになる
★洗顔フォームで歯を磨いたことがある（歯磨き粉で顔を洗ったことがある）
★お風呂で頭を洗ったかどうか忘れて何度も洗う

★エレベーターで閉まるボタンを押して、よく人を挟む
★電柱にぶつかる。街で人によくぶつかる
★コートを脱いだらスカートを履いていなかった、ワンピースの背中が全開だった、服の前後を間違えて着ていた、ということがある

〈飛ばね族チェックリスト〉

「飛ぶ族」に比べて「飛ばね族」のチェックリストのほうが、圧倒的に少ないです（笑）

★複数のことを同時にできる
★いろんなことに気づく

★「気がきくね」とよく言われる
★全体の空気を読める
★理論派で細かいことが割とできる
★常にリスクを想定している
★段取り命！
★頑張らなくても、別に意識は飛ばない
★温泉につかっていても、常に頭の中で何かを考えている、頭が忙しい
★真面目に淡々と生きてきたので、人生でそんなにぶっ飛んだ面白い伝説がない、割と普通
★喫茶店でしゃべりながら、周りのテーブルの話もついつい聞いてしまう（飛ぶ族は目の前の人の話に集中して、それ以外が聞こえなくなる）

心屋夫婦からのワンポイント・アドバイス

あなたは「飛ぶ族」と「飛ばね族」、どちらだったでしょうか？
あなたの周りの人も、ぜひチェックしてみてください。

「飛ぶ族」は長嶋さん、「飛ばね族」は王さん

「飛ぶ族」の有名人は誰かといえば、長嶋茂雄さん。感覚で生きている天才肌。
「球、来るでしょ、打つんですよ」みたいな。

僕ら「飛ばね族」はそういう天才的なところは、絶対に追いつけないんですよ。

一方、「飛ばね族」の有名人は誰かというと、秀才肌の王貞治さん。

戦略的に、着実に成果を上げていくタイプ。だからミスは少ないんです。

飛ぶ族はミスは多いし、「えっ、どうやったらそんな間違いできるの？」というような信じられないようなミスもするけれど、奇跡的にリカバリーしてしまう力がある。

そしてどんなにヘマをしても、なぜか愛される。しかも、

「なんで、そんな大きな契約とれたの？」

「なんで、そんなすごい人に会えたの？　普通、そんな人と会えないよね」

というようなミラクルもよく起こす人たちなんです。

なぜなら、努力と過去の経験を積み重ねて、社会の常識やルールの中で生きているのが、僕たち「飛ばね族」であるのに対して、

過去の経験も関係なしに、自由な発想で、前例にとらわれずに行動するのが「飛ぶ族」だから。

また、「飛ぶ族」は「飛ばね族育成教育」からは外れるので、「飛ばね族」から見ると「変わった人」「ちゃんとできない人」扱いされ、ひどいときには「ＡＤＨＤ」とか「学習障害」などのような、病的扱いを受けてしまったりすることがあります。

それが嫌で必死に頑張ってきた人もいるでしょう。

でも、それは思考の性質が違うだけで、異常でもヘンでも障害でもない、「飛ぶ族」の特徴なだけです。

だから、そのままでいいのです。

それを「ちゃんとしよう」なんてすると、「飛ぶ族の天才的な良さ」まで死んでしまうのです。

つまり、それぞれ強みがまったく違う生き物なのです。

だからこそ、お互いに憧れ合うし惹かれ合うんです。


そしてこの、「あの人みたいになりたい」という想いが、悲劇を起こしたりします。


たとえば、「飛ぶ族」は「飛ばね族」みたいに、いろんなことが器用にできる人に憧れます。

日本では、なんでもそつなくこなせる人、真面目にちゃんとできる人をつくる教育だから、というのも理由の一つでしょう。

そのため、頭の中がお花畑の「飛ぶ族」は、子どもの頃から、

「なんでちゃんとできないの？」

と否定されてきた可能性が高いのです。


そういう人たちが「飛ばね族」に憧れて、意識が飛ばないように、一所懸命頭の中をフル回転させて頑張るのですが、もともとそういう仕様ではないので、メモリの使いすぎで突然、電池が切れてしまう、なんてことも。

そして、「私はあの人たちみたいにできないんだ」と悩んでしまうんですね。


一方で、僕ら「飛ばね族」も、「飛ぶ族」の天才的なところに憧れるんです。

マルチタスクで、同時にいろんなことが、ある程度はできるのですが、

「飛ぶ族のように、一つのことを追求し、突き抜けられない自分はダメなんだ」

と落ち込んでしまうのです。

そして、自分は努力に努力を重ねて頑張っているのに、ミスばかりしている「飛ぶ族」の人たちが、突然ミラクルを起こして大きな契約をとってきたり、仕事もせずに飲みに行って、偉い人から可愛がられて、ヒョイヒョイヒョイッと出世したりしていくのを見て、「世の中、いったいどうなっているんだろう」とモヤモヤするのです。

でも、長嶋さんは王さんを目指してはいけないし、王さんも長嶋さんを目指してはいけないんです。

お互いに全然違う生き物なんですから。

また、「飛ぶ族」と「飛ばね族」は、野球界でいえば長嶋さんと王さんですが、芸能界でいえば才能あるタレントと敏腕プロデューサー。お笑い界でいえばボケとツッコミ。

それぞれ強みや役割が違うのだから、もう「あの人たちみたいになれない自分はダメなんだ」と責めるのはやめましょう。

そして「私は今のままでいいんだ」と認めて、自分ができないことは、それが得意な人に頼って生きましょう。

心屋夫婦からのワンポイント・アドバイス

できない自分を責めるのはやめよう。あなたにはあなたの強みや役割があるのだから。

第3章

さらに見つけてしまった！「めっちゃ族」「ふーん族」理論

世の中には、芸風がまったく違う生き物がいる

世の中には2種類の人間、「飛ぶ族」「飛ばね族」がいるという気づきは、僕にとって世紀の大発見だったのですが……。

じつは、もう一つ気づいてしまったんです。

僕のように、すっごい好きと、すっごい嫌いがある「めっちゃ族」と、奥さんのように、すっごい好きもないけど、すっごい嫌いもない「ふーん族」がいることに。

「めっちゃ族」は、その名のとおり「めっちゃ‼」と言う人で、とにかくリアクションがデカい。笑うときに手を叩いたり、机をバンバン叩いちゃう人。有名人でいうと、明石家さんまさんみたいな人。

一方「ふーん族」は、どんなときも「ふ～ん」と落ち着いたリアクションをする人。有名人でいうと、タモリさんみたいな人。

両者は、まったく異なる性質の人間なんですよ。

でも以前の僕は、そんなこと知らなかったので、奥さんのリアクションの薄さにずっと悩んできました。

たとえば、一緒に面白い映画を観に行くじゃないですか。観終わった後、

めっちゃ面白かったなぁ!!　あのシーンとか最高やったなぁ!!

と僕が興奮して話しても、

うん。

って、テンション低いんですよ。

えっ？　面白くなかったの？

面白かったよ。

えっ！　面白かったら普通、バ――――ッて語りたくなるやん？

うーん、語りたくなる……ほどではないなぁ。

てことは、そんなに面白くなかったってこと？

だから面白かったって。

え？

みたいな感じで、温度差を感じるんです。それで僕がションボリしていると、

なんか、ごめん。もっと面白かったって喜んだほうがよかったかな？

とか言うんですが、「そんなんで喜んでもらってもなぁ」ってなんだかモヤモヤするんですよね。

あとは、反応がデカい友人たちと盛り上がっているときに、奥さんが後から会話に入ってきて、

今、こういう話をしてて……。面白いやろ？

と言っても、

へぇ～、そうなんだ。

とあまりにも反応が薄いので、僕を含めさっきまで盛り上がっていた人たちが、みんな沈没していくんです……。自分たちの話って、つまらないのかなぁって。

「一緒に外食に行ったときも、そう。奥さんに「何食べたい？」と聞いても、「何でもいい」とか言うんです。そんなに好きな食べ物がないから、どうしてもこれを食べたいとか、あのお店に行きたいっていうのがないんですよね。

僕は美味しいお店を見つけたら、「めっちゃ美味しいレストラン見つけたから、一緒に行こう！」と奥さんを連れていくんですが、そこでも同じような現象が起こるんです。

僕が食事の美味しさに感動して、

おいひー!!（飲み込む前に声を発するため美味しいと言えない）

と叫んだり、食べてる間も何度も〝おいしい〟を連発し、なんなら感動をみんなにも伝えたくて、その場でＳＮＳに投稿し始めたりするんですが、隣で奥さんは黙って食べているんです。

それを見て「なんかアカンかったのかな」って、一人で悩み始めたりするんですよ。

そんなことが、これまで夫婦生活を共に過ご

す中でたくさんありました。

そのたびに僕は落ち込んでいたし、奥さんも「なんか、ごめん」と言っていました。

でもね、われわれ夫婦は、さんまさんとタモリさんのように、芸風がまったく違う生き物だったんです。

だから、自分と同じように反応することを相手に期待すること自体、おかしな話だったのです。

心屋夫婦からのワンポイント・アドバイス

なんだか温度差を感じる「あの人」は、あなたとは違う生き物なのかもしれません。

「めっちゃ族」は中華鍋、「ふーん族」は遠赤外線の炭火

めっちゃ族はとにかく盛るんです。10が最高レベルだとしたら、本当は5だったとしても8に盛って、大げさに騒ぐ。

たとえば、人から紹介されたレストランへ行って、自分的には「まぁ普通」だったとしても、紹介してくれた人が仲がいい人だったりすると、5を8に盛って「めっちゃ美味しかった！」って騒ぐんです。

さらに、一緒に行った人に対して

美味しかったなぁ!!　な、美味しかったよな？

と強要するんです。ホントうっとおしいですよね。
めっちゃ族を代表して謝るわ、ごめんなさい。

一方ふーん族は、食べているときは反応がないんだけど、しばらくたってから、
「あれ、美味しかったね」とか言い出す。

どうやら、あの人たちはあの人たちなりに、感動しているらしいんです。僕らめっちゃ族には、わかりにくいんですけどね。

つまり、めっちゃ族は、中華鍋のように誰が見てもわかりやすくバ――――ッと燃えているのですが、ふーん族は遠赤外線の炭火。見た目ではわからないけれど、じっくり燃えているのです。

また、僕は全国各地で講演会やライブをしていますが、「今日はあまり盛り上がらなかったなぁ」と落ち込んでいても、アンケートを読んでみると「すごく感動しました！」という声が多かったりするんです。

あまり盛り上がらなかったからといって、満足度が低いわけではないんですね。その日、ふーん族のお客さんが多かっただけかもしれないから。

逆に「今日はすごく盛り上がったなぁ！」と思っていても、油断禁物。もしかしたら、めっちゃ族のお客さんが多かっただけかもしれないから。

僕らめっちゃ族は、盛りますからね（笑）。
だから、見た目で物事を判断してはダメなんです。
相手の反応で一喜一憂する必要はないのです。

心屋夫婦からのワンポイント・アドバイス

めっちゃ族は盛るし、ふーん族はわかりにくいけど、じつは内側で燃えているらしい。
相手の反応で落ち込むのはやめよう。

とにかくシェアしたい「めっちゃ族」、静かに自己完結している「ふーん族」

ここまで読んで、自分は「めっちゃ族かも？」「ふーん族かも？」と、うっすら感じつつも、イマイチまだピンときていないあなたのために！

今から、両者の特徴について、もっと詳しく説明していきますね。

まず、めっちゃ族は語りたい、伝えたい、共感してほしい。別名、シェアしたい族なんです。

だから、面白いことや、腹が立つことがあると、「みんな聞いて聞いて～！」とシェアしたがる。ＳＮＳにもしょっちゅう投稿して、いいねやコメントがたくさんつくと喜ぶんです。

ふーん族は、とくに語りたいことってないんですよ。そして内面で静かに燃えている自己完結タイプなので、ＳＮＳの投稿にいいねやコメントがつこうがつくまいが、正直どっちでもいい。そもそもコメントを読んでいなかったりするんです。

ただ、ここで注意したいのは、その場の状況に応じて両者の反応は変わるということです。

たとえば、めっちゃ族でも本当に興味がないことには、あたり前ですが「ふーん」です。いくらめっちゃ族でも、自分にとって本当にどうでもいい話をされたり、まったく欲しくないプレゼントをもらっても、反応できないのです。

めっちゃ族は、興味がある範囲が広いだけで、四六時中テンションが高いわけではありません。そりゃ、そうです。常にワッショイしていたら、死んでしまいますから(笑)。

また、一緒にいる相手によっては、普段どおりに「めっちゃ」できないこともあります。

僕はめっちゃ族ですが、たとえば相手があまりにもパーティピーポーな「超めっちゃ族」だったら引いてしまいますし、何か恥ずかしいときはスカしてたりもする。家に帰るとふーん族の奥さんがいるので、家の中ではなりを潜めています(笑)。

そして、ふーん族だって、好きなことにはテンションが上がることもあります。趣味のゲームの話になると、人格が変わる人だっていますし、仲のいい友達と会ったり、お客さんと仕事の打ち合わせでは、「めっちゃアプリ」を動かしていたりします。

うちの奥さんも、友達やお客さんといると、この「めっちゃアプリ」を動かしています（これをビジネスめっちゃという）。

え〜〜〜！　すご――――い!!

とワイワイしているんですよね。

それを見て、以前の僕は、

僕と一緒にいるときはそんなことしないのに、なんで外ではテンション高いの？

と悲しく思っていたのですが、それは僕といるときは「めっちゃアプリ」を動かさなくていいという安心の中にいる、ということなんです。家の中でまでアプリを動かすのは、大変ですからね。

心屋夫婦からのワンポイント・アドバイス

基本的には、シェアしたい「めっちゃ族」、自己完結型の「ふーん族」も、その場の状況に応じて多少反応は変わります。

「めっちゃ族」「ふーん族」は憧れ合うし惹かれ合うけど、悲劇も！

めっちゃ族とふーん族は、それぞれ強みがまったく違う生き物。

だから、お互いに憧れ合うし惹かれ合うのですが、この「あの人みたいになりたい」とか「あの人みたいにならなければいけない」という想いが、悲劇を起こしたりします。

たとえば、ふーん族はめっちゃ族のこんなところに憧れます。

「あの人は、いつも夢を持っていて、キラキラ輝いていていいなぁ！」と。

めっちゃ族は、やりたいことがたくさんあるし、夢もある。そして、夢を叶えたら幸せになるという発想なので、「夢を持とう！　夢を紙に書き出そう！」とか暑苦しく言う人が多いんです。

でも、ふーん族の人って、あんまりやりたいこととか夢がないようなのです。

だから、めっちゃ族が目をキラキラさせながら、

「君の夢は何？　やりたいことは何？」

と言えば言うほど、ふーん族は疲れていく。

そして、やりたいことや夢がない自分はダメなんじゃないかって悩み始めるんです。

また、めっちゃ族のようにみんなで盛り上がりたいのに、リアクションできない、ノリの悪い自分はダメなんだと思い込んだりします。

小さい頃から、ふーん族の子どもは、お誕生日にプレゼントをもらっても、めっちゃ族の大人が期待する「わ〜い！」というリアクションができないんです。

そうすると、「せっかくおばあちゃんがくれたんだから、喜びなさい！」と親に怒

られてしまう。

さらに、ほかの兄弟がリアクションのいいめっちゃ族だったりして、大人たちに可愛がられている姿を見て、こういう場面ではあんな風にもっと喜んだほうがいいんだと思って、「めっちゃアプリ」を動かし始めるんです。

でも、ふーん族って一日のテンションの容量が決まっているらしいので、めっちゃ族と同じようにいちいち反応していたら、すぐにエネルギーを使い果たしてしまい、家に帰ると目が死んだ魚みたいになってしまうのです。

一方めっちゃ族は、冷静で大人のふーん族みたいにならなければいけないと思い込んでいたりします。

じつは、僕もそうでした。

僕の母親はふーん族だったので、僕が楽しい話をして盛り上がっていると、

静かにしなさい！

と叱るので、

はしゃいじゃダメなんだ。嫌われるんだ……。

と思って、本当はめっちゃ族なのに、家ではすねてふーん族になろうとしていました。

また、めっちゃ族は「すっごく好き」もありますが、「すっごく嫌い」もある。だから喜びだけじゃなくて、悲しみも怒りも振り幅がデカい。割と激動の人生なんです。

でも、ふーん族は、そもそも怒りがそんなにわかないし、ひどいことを言われたり、ＳＮＳで失礼なコメントをされても、そこまで気にならないみたいです。

うちの奥さんもまさにそうで、僕からしたら「それ、怒るところやろ！」というところでも、

これ、怒ったほうがいいのかなぁ？

とか言うんですよ。

ふーん族は基本的にエコで平和。いつも穏やかで、冷静な人たちなんです。嫌なことがあっても、「ふーん」と流せる。スルーできるんです。

そういう人のほうが、器が大きそうに見えるじゃないですか。
だから僕は、彼らみたいに冷静な大人になりたいと、ずっと努力してきたのですが、なかなかそうなれなくて落ち込むこともありました。

でも、この「めっちゃ族」「ふーん族」理論を見つけてから、思いました。
もしかして、いつも冷静なあの人たちは、器が大きいのではなく、ふーん族なだけなんじゃないかって。

だって彼らは、そもそも感情の起伏が小さいのだから。

お釈迦さまのエピソードで、こんな話があります。

周りから尊敬されるお釈迦さまを妬んだ男が、みんなの前でお釈迦さまを口汚く罵ったのだそうです。

でも、お釈迦さまは、その男の言葉を聞き流して受け取りませんでした。

そして、「私が受け取らなかったら、その言葉は全部発した者のところに行くのだ」と言い、罵った男が衝撃を受けたという逸話です。

それまで僕は、お釈迦さまみたいに、どんな批判も受け流せる大人になりたいと思って努力してきたのですが、この理論を見つけたときに思いました。

お釈迦さまも、もしかしたら「ふーん族」だったんじゃね？

と。本当のところは、知らんけど。

そんなわけで、
「ふーん族」は、「めっちゃ族」みたいに明るくて社交的になりたいし、
「めっちゃ族」は、「ふーん族」みたいに冷静な大人になりたいんです。

でも、ハッキリ言います。無理なんですよ。自分とはまったく性質が違う生き物にはなれないのだから、努力しても無駄なんです。

そしてめっちゃ族は、「めっちゃ‼」と騒ぐことで、エネルギーを充電するのです。
だから「めっちゃ」うれしいこと、「めっちゃ」ひどいことをされたりすることが「必要」なんです。だからそういう目にあいます。

逆にふーん族は、「めっちゃ」騒ぐとひたすら疲れるので、嬉しいこともひどいことも、ほどほどでいいので、ひどいことをあまりされなくなるようです。「サプライーズ！」とかも、ほんとにやめてほしいみたいですね。

そこで結論。ふーん族は、ふーんってしていればいいし、めっちゃ族は、激動の人生を歩めばいいんです。

心屋夫婦からのワンポイント・アドバイス

めっちゃ族もふーん族も、そのまま突き進んでください。

性格の不一致じゃなくて、めっちゃ・ふーん不一致かも？

離婚で一番多い理由が、性格の不一致だそうです。

でも、もしかしたら「性格の不一致」ではなく、「めっちゃ・ふーん不一致」かもしれません。（そして、前章で出てきた「飛ぶ族」「飛ばね族不一致」も）それはお互いの「期待する反応」が得られないことによる「愛されていないのでは？」という勘違いが原因かもしれないのです！

ここでは、めっちゃ族・ふーん族夫婦の「不一致あるある」をご紹介していきたいと思います。

①「私がつくったご飯、美味しくないの？」っていう問題

たとえば、めっちゃ族の妻と、ふーん族の夫のパターン。
妻は腕によりをかけて料理をつくったとします。でも……。

ふーん夫　：モグモグモグ（無言）
めっちゃ妻：ねぇ、今日のご飯、どう？　美味しい？
ふーん夫　：あ～、うん。
めっちゃ妻：あ～、うん、じゃなくて、ねぇ、美味しい⁇

妻は、「私の料理、美味しくなかったのかしら」と落ち込んだり、何も言ってくれない夫に対してイライラします。

そして夫は、「美味しくなかったら食べないから」と心の中でつぶやきながら、やたらリアクションを求めてくる妻に疲れてしまうのです。

②「本当に反省してるの?」っていう問題

めっちゃ族は、謝るときも「めっちゃ」なんです。

本当にごめん！

とか、

申し訳ありません！　このようなことは二度と……！

というように。

でもふーん族は、

ごめん。

の一言。

めっちゃ族からしたら、

えっ!?　それで終わりカーイ！　本当に反省してるの？　反省の色が見えん！

となって、さらに怒り出す。

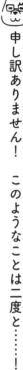

でも、ふーん族からしたら、

さっき謝ったじゃん。あー面倒くさ……。

とか心の中で思っているんです。

③「プレゼント嬉しくないの？」っていう問題

ふーん族にプレゼントをしても、めっちゃ族が期待している反応がなくて悲しいという声をよく聞きます。

お気持ち、ものすごくわかります。だって僕もそんな経験をたくさんしてきましたから。

たとえば昔、奥さんの誕生日にティファニーのダイヤモンドをプレゼントしたら…

定番だね

とにっこり笑って、箱にしまわれたことがあります。

「えっ、嬉しくないの？」と僕は悲しかった。

でも奥さんも、僕が求めるような反応ができず困っていたんです。

④「私のこと愛していないの？」っていう問題

めっちゃ族は共感してほしい人たちだから、愛情表現にしても「愛しているよ」「大好きだよ」って言いたいし、相手にも言ってほしい。

なのに、ふーん族は何も言ってくれないから、めっちゃ族は不安な気持ちになるのです。

でもね。どうやら、めっちゃ族とふーん族の愛情表現は違うらしいんです。ふーん族としては「私ここにいるじゃん。これ以上、何をしろというの？」という感じなんだそうです。

以前、奥さんに、

好きじゃなかったら、一緒に住んでいないから！

と言われたときは、衝撃でした。

ふーん族にとっての愛情表現とは、結婚生活を続けていること、家に毎日帰ってくること、なのです。

彼らは、決して愛情がないわけじゃないんです。「表現しない生き物」なんです。

なので、パートナーから愛情表現がなくて、「あの人は、私のことを愛していないんじゃないのかな……」と寂しさを感じている、そこのあなた！　相手は、ふーん族なだけかもしれません。

さてここまで、めっちゃ族・ふーん族夫婦の「不一致あるある」をご紹介してきましたが、いかがでしたでしょうか？

よく、「どうして彼は愛していると言ってくれないの？」など「男はなぜ○○なのか」なんて企画がありますが、それはめっちゃ族女と、ふーん族男をモデルに書かれていることが多いんです。

でも、うちは僕がめっちゃ族で、奥さんがふーん族。こういう逆のパターンもあるわけです。

だから男女の違いと考えるのではなく、「めっちゃ族」と「ふーん族」の違いからくる誤解と考えると、これまでのモヤモヤも解消されるかもしれませんね。

夫婦生活を送る中で、こういう不一致が積み重なっていくと、めっちゃ族はふーん族の反応の薄さに「愛されてないのかも」と、悩み、悲しみ、怒り、ふーん族は、そんなめっちゃ族のテンションの高さやリアクションについていけなくて悩む。

そして、「もう無理！　別れましょう」になってしまうことも。

アカ――――――ン！　ちょっと待って!!

それ、性格の不一致じゃなくて、「めっちゃ・ふーん不一致」なだけですから！

この本を読んで、思いとどまっていただけたら嬉しいです。

心屋夫婦からのワンポイント・アドバイス

別れる決断をする前に、パートナーとこの本を読んでください。

第4章
違いを笑えると、なんでもOKになる

相手が自分とは違う生き物だとわかると、争いは減る

第2章では「飛ぶ族・飛ばね族」、3章では「めっちゃ族・ふーん族」という二つの理論をお伝えしました。

この「飛ぶ族・飛ばね族」も「めっちゃ族・ふーん族」も、「分類」することが目的ではなく「世の中には違う生き物がいるということを知る」のが目的なので、自分は本当はどっちなのかとか必要以上に悩まないでね。本末転倒になるので。

でもとにかく世の中には、犬と猫ぐらい違う生き物がいるということを、ご理解いただけたのではないでしょうか。同じ四つ足動物だけど、あきらかに違う生き物なのです。

以前の僕は、そんな生き物の存在を知らなかったので、いつも寝ている猫に向かって、

なんで君はお散歩しないんだ！　いつもゴロゴロしていて、だらしないヤツだなぁ！

とか、

普通、フリスビーを投げたら、大喜びで走って取りに行くだろう。それなのになんで君は寝てばかりなんだ！

とか怒っていたわけです。

でも、猫からしたら、えらい迷惑ですよね。

そんな、犬基準で言われても……。

って。

このように、夫婦間だけでなく、あらゆる人間関係で起こっている問題のほとんどが、こういった思考回路の違いから起きているのではないかと思うのです。

でも、相手の思考回路が自分とはまったく違うとわかれば、

「君は、飛ぶ族だからねぇ」

「あの人は、ふーん族だから仕方がないよねぇ」

と、いろんなことが許されていくんです。


僕もこの二つの理論に気づいてからは、奥さんに対して「なんでこうしないんだ！」「なんでそんなことをするんだ！」と思わなくなりました。だって理由はただひとつ「そういう人だから」「飛ぶ族でふーん族だから」なのですから。

改善してほしいこともなくなってしまったし、相手を変えようとするのもやめました。だってムリ!!　ですもの。


そうやって白旗を揚げた瞬間から、僕自身、どんどんラクになっていきました。

そして、この理論を僕のブログやラジオ、セミナーなどで伝えていったら、世間の人が「なるほど、そうだったのか！」と気づいていきました。

「私は飛ぶ族で旦那は飛ばね族だから、わかり合えなかったのか！」
「私はめっちゃ族で、子どもはふーん族だったからか！」

などなど。

夫婦、親子、上司部下の間で起きていたあらゆる問題の理由がわかって、生きるのがラクになっていったのです。

ですから、自分の理想どおりに相手が動いてくれないからといって、相手を責めるのはやめましょう。

人はみんな違うのですから。誰一人、同じ人はいないのですから。
そして、みんな違うからこそ、面白いのです。

心屋夫婦からのワンポイント・アドバイス

みんな違って、みんないい。違いを受け入れると、いろんな問題が解決するよ。

違いを見つけたら、「超～ウケるんですけど！」と笑おう！

「違いを受け入れる」って、言葉で言うのは簡単ですが、実際やるとなったら難しいですよね。

「それができないから、困っているんじゃないか！」って思いますよね。

そんな方にオススメの方法があります。

それは、違いを見つけたときに笑うこと。

「超～ウケるんですけど！」って笑うんです。

たとえば海外旅行に行ったとき。

日本とはいろんなことが違うので、戸惑ったりストレスを感じること、ありますよね。でも同じ状況でも、海外旅行を楽しめる人もいる。そういう人は、その違いを楽しめる人なんです。


僕はイギリス人アーティストのエド・シーランが大好きで、去年の秋にニューヨークで行われた彼のライブに行きました。

前から3番目の席をゲットでき、大興奮で会場に向かったのですが……。

そのライブは夜の7時開演だったにもかかわらず、エドがステージに現れたのは、なんと9時！　2時間、まったく知らない前座の演奏を聴いていたんです。

もう、衝撃でした。

日本ではありえないですよね。

でも、ニューヨークではこういうこと、よくあるそうなんです。

だから、みんなエドが来るまで、会場の出店で売っているハンバーガーを食べたり、Tシャツやキャップなどエド・シーラングッズを買ったりして、自由気ままに過ごしていました。

さて、ここで質問です。

もし、あなたがそんな状況に出くわしたら、どうしますか？

日本の基準で考えて「なんでエドは来ないの？」と2時間イライラし続けるか、

「エド、全然出てこないじゃん。超～ウケるんですけど！」と笑うか。

僕は後者を選びました。

はるばるニューヨークまで大好きなエドのライブに来ているんだし、どうせなら楽しみたいですから。

そして、これと同じことが、結婚生活でも言えるんじゃないかと思うんです。

夫婦といえども、お互い育ってきた環境も価値観も違う他人。なので、もはや国際結婚したとでも思って、パートナーがインド人かエストニア人だと思って、

「へぇ！　インドではそうなんだねぇ！　超～ウケるんですけど！」

「えっ、エストニアではそうなの？　うわっ、超～ウケる！」

と笑ってみましょう。

そんな風に、相手との違いを面白がれるマインドを持っていたら、どんな状況でも楽しめますから。

それでも、どうしても違いを受け入れられない場合は、とことん絶望してみること。

「こんなに頑張っているのにわかり合えないんだぁぁぁ‼　もうダメだぁぁぁ‼」と絶望の底の底までいったら、人って笑えてくるんです。

わかり合えないものを、わかり合おうとお互い努力して、それだけ努力してもわかり合えないんだったら……あはははは って。

こんなに思考回路が違ったら、わからないわ。わかったつもりになっても、やっぱりわからないわ。以上！　って開き直るの。

そうやってどんどん降参していくと、不思議なことに、相手の一挙手一投足が全部面白くなってくるんです。

その発想、斬新！

とか、

逆に面白い！

とか、

よく、そんなことできるなぁ！

って、一つひとつが笑えるようになってくる。

そうやって笑えるようになったら、こっちのもんですよ。

違いを見つけたら、「超～ウケるんですけど！」と笑いましょう。それでも違いを受け入れられなかったら、絶望しきりましょう。

今まで見えなかった、新しい世界が見えるから。

心屋夫婦からのワンポイント・アドバイス

違いを笑おう！　できなければ絶望しよう！

第5章

一生お金に困らない結婚生活を送るために

欲しい物を買ったほうが、お金はなくならない

奥さんによって僕のいろんな概念が覆されてきましたが、その中でも一番枠が外れたのが、お金のブロックでした。

昔、僕はお金がまわらない人でした。安物買いの銭失いだったから、ずっとお金がないという恐怖に包まれていたのです。

さらに、以前の僕は「妖怪ケチケチ星人」だったんです。

ホント、超ケチだったよね！（笑）デパートや百貨店で買うと怒るし。

デパートや百貨店に行く意味がよくわからなかったんだ。なんであんな高い店に行く必要があるんだ、量販店やスーパーで十分じゃないかって思ってた。

でも奥さんは、高くても欲しいなら買うし、安くてもいらないなら買わない。高い安い関係なしにお金を使う。

そんな彼女を見て、僕は不安になって、

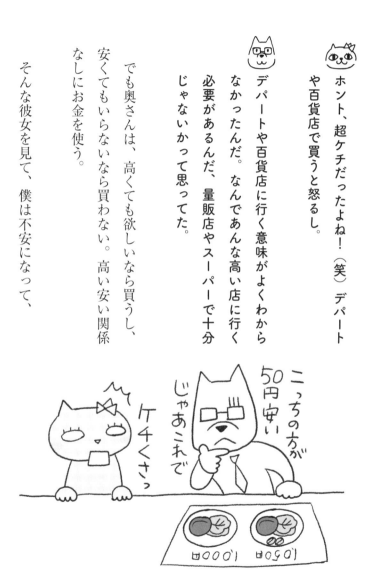

そんなん、アカンやろ！　もっと値段を見てお金を使え！

と注意することもありました。

また当時の僕は、スーパーに行っても外食をしても、いつも安いものを選ぶ傾向があったんです。でもあるとき奥さんに、

食べ物って、たいして値段が変わらないんだから、好きなものを食べればいいじゃん！

と言われて、

確かに！

そして、試しに奥さんのように、損得を考えずにお金を使い始めてみたら……気づいたんです。

お金って減らないやん！

それまで避けていた高いものを買っても大丈夫なんだ、高い安い関係なく、本当に欲しかったら買えばいいんだとわかり、以来、ず～っと奥さんの真似をしていったら、お金に困らなくなっていったのです。

心屋夫婦からのワンポイント・アドバイス

値段ではなく、本当に欲しいか欲しくないかで物を選ぼう！

ガマンをやめると収入が増える

僕はそれまでの人生、ガマンが8、好きなことが2ぐらいの割合で生きてきました。

だから当時は頑張って、チカラワザで収入を上げようとしていたのですが、思うように増えませんでした。


でも僕とは対照的に、奥さんは仕事でもプライベートでもガマンをしないんですよね。嫌なことは嫌、やりたくないことは、やりたくないとハッキリ言うし断るんです。

そんな彼女を見て、最初は衝撃だったのですが、

こんなんもアリなんだ！

と思って、彼女の真似をしていったら、不思議なことに収入がどんどん増えていったのです！　たとえば、

嫌な仕事には……

やりません、しません！

嫌なお客さんには……

来ないでください！

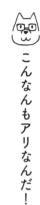

というように「嫌だ！　やりたくない！」と子どもみたいな理由で断って、自分の中からガマンを減らしていきました。

そして、「好き」と「楽しい」の割合をガガガ――――ッと上げていったら、収入も一緒に上がっていったんです。

以前の僕は、みんなに「いい人」だと思われたくて、いろんなことを断れずにいました。でも、そうやっていい人をし続けるということは、自分をいじめる「嫌な奴」をやり続けることになる。そうすると、イライラして心がすさんでしまうのです。

逆に、「人にどう思われてもいい！　自分がやりたいことをやるんだ！」と嫌なことを断って、好きなことばかりしていると心が満たされるので、いい人をしていたときよりも、周りに優しくできるようになる。

しかも、なんか知らんけど、豊かになるのです。

心屋夫婦からのワンポイント・アドバイス

嫌なことは断って、「好き」と「楽しい」の割合を増やそう。いい人をやめると、豊かになるよ。

ただいるだけで感謝される「存在給」

このように、僕のお金に関する考え方は、奥さんに育ててもらったわけですが、その中でも、僕のお金の価値観を大きく変えたのは、存在しているだけで価値があるという「存在給」の概念なんです。

僕の会社では、売り上げが数億円あって、そのほとんどが僕が働いた分の収入。そして僕が社長で奥さんが副社長ということで、役員報酬は一緒にしているんです。これ、すごくないですか？

だから一度、奥さんに聞いてみたことがあるんです。

僕はいろんな仕事で数億円稼いできて、君はヨガのレッスンをやって毎月数十万円ぐらい。でも、役員報酬一緒やんか。どう思う？

えっ？　何が？

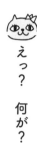

ここで、自分の気持ちをそのままストレートに口に出してしまったら、僕の器の小ささが露呈するような気がして、どうか察してくれ……と願いながら、

えっと、その……何が言いたいかというと……稼いでいる額の数倍のお金を受け取って、どう思う？

と、おそるおそる聞いてみると……

え？　ダメなの？

と言い返されたので、僕はそれ以上何も言えなくなってしまったのでした。

もちろん、社長と副社長で役員報酬の差をつけてもいいんです。でも悲しいかな、

二人で役員報酬をいっぱいもらったほうが、会社としては経費が大きくなるから、税金対策にもなるんですよ（笑）。

だから奥さんは、「給料をもらうことが存在価値」なわけです。彼女が給料をもらってくれるだけで、会社も助かる。そうすると、僕も喜ぶし、当然奥さんも喜ぶ。

ということは、奥さんは、存在しているだけで価値があるってことなんですよね。

僕たちは、何かを提供したらお金がもらえる、投資をしたらお金が返ってくる、頑張った分は見返りがあると、お金を「対価」と考えていると思うんです。

でも、違ったんです！

何もしなくても存在しているというだけで、お金ってもらってもいいんですよ。

心屋夫婦からのワンポイント・アドバイス

何もしなくても存在しているだけで、お金を受け取ってもいい！
だってあなたは、存在しているだけで価値があるのだから。

金持ち男性ほど「私は豊かさや愛情をもらっても当然なのよ女子」が好き

先ほど、存在しているだけで価値があるという「存在給」の話をしましたが、この存在給が高い人ほど、お金持ちだったりします。

なぜなら、自分は価値があると思っているので、お金をたくさんもらうことに躊躇しないからです。

逆に、存在給が低い人は「こんな自分がお金をもらうなんて、とんでもない……」と恐縮して受け取れないので、収入がなかなか上がらないのです。

これ、「罪悪感」なんですよね。

そして周りのお金持ちの男性を見渡してみると、彼らはどうやら、存在給の高い女性が好きなようなのです。

たとえば、男性が女性を喜ばせたいと思って、女性にプレゼントをしたり、旅行に連れて行くとするじゃないですか。

でも、自分を卑下している女性だと、

「イヤイヤイヤ、私なんかに……」

「こんなにいろいろしてもらって、申し訳ない！」

と罪悪感を感じてしまい、気持ちよく受け取ってくれないので、男性はガッカリしてしまうのです。

一方、存在給が高い女性は、「私は豊かさや愛情をもらっても当然なのよ」と思っているので、男性からの好意を素直にニッコリ受け取れ

るのです。

豊かな男性は、「女性を喜ばせたい！　幸せにしたい！」という想いの強い人が多いので、もしお金持ちと結婚したい人、夫をお金持ちにしたい人は、受け取り上手な女性を目指しましょう。

心屋夫婦からのワンポイント・アドバイス

「謙虚な女」より、「私は豊かさや愛情をもらっても当然なのよ女子」になろう！

「主婦だからお金が使えない」は間違っている！

主婦の方で、

「私は働いていないので、お金が使えない。夫に意見が言えない」

と言う人がいるのですが、その発想はおかしいと僕は思うんです。

だってそれは、会社の事務員さんが、

「私、営業さんみたいに稼いでないから、お給料なんてもらえないし、会社のお金は使えないし、意見なんて言えません！　本当はこうしてほしいという要望があっても、誰にも言わずに飲み込んでガマンします！」

と言っているのと同じだから。

役割が違うだけで、夫婦は「家族という会社」の共同創業者。だから、遠慮せずにお金を使ってもいいんですよ。

それに先ほども書きましたが、存在しているだけで、十分価値があるんです。

うちの奥さんなんて、家で何もしていないけど（笑）、彼女の存在がなくなったら、僕のダ

メージハンパないですから。めっちゃ困りますから!!

だから、主婦だって自由にお金を使っていいんです。

男性は、女性がご機嫌に生きてくれさえしたら、幸せなんですから。そして存在給は「上げる」のではなく「戻していく」もの。だって赤ちゃんの頃はなーんにもできないのに、たくさん愛されてお金もかけてもらってましたよね。存在するだけで。

心屋夫婦からのワンポイント・アドバイス

主婦だって、遠慮せずにお金を使おう！
イライラしながら節約するより、お金を使ってご機嫌でいよう！

第6章 心屋的「アゲ妻・サゲ妻」理論

日本の良妻賢母はサゲ妻だ！

ここからは、僕が考える「アゲ妻・サゲ妻」論を論じていこうと思います。

世間が考える理想の妻像とはかけ離れているので、読みながら怒りを感じる人もいるかもしれませんが、どうかカリカリせずに、最後まで読んでいただけるとうれしいです。

日本には昔から「男を立てて世話をするのがいい女」という考え方があるのでみんな良妻賢母を目指してしまいますが、良妻賢母ってじつはものすごいサゲ妻なんです。

これを言うと、良妻賢母を目指している全国の女性たちに袋叩きにされそうですが、女性が男性の世話をすればするほど、男性の「女性のためにいろいろやってあげたい気持ちや、力」を奪ってしまうんですね。

では、その気持ちと力を奪われた男性は、どうなるか。

何もしないダメンズになっていくんです。

そして、良妻賢母の女性たちは、そんな何もしないダメンズをつくっておきながら、「私がいないと、本当に何もできないんだから」とさらに頑張り続け……

もう誰の手にも負えないほどの「超絶ダメンズ」へと旦那さんを育て上げていくのです。ホント、恐ろしい話ですよね……。

一方うちの奥さんは、僕の世話をしないし、三歩下がるどころか別のところを歩いて行ってしまう良妻賢母の対極を行く人。

でもそのおかげで、僕は自分でなんでもできるようになって、どんどん伸びていったんです。

良妻賢母の妻を持つ旦那さんは、たとえるとブロイラーみたいなもの。ブロイラーは毎日エサを与えられ、飼育員にちゃんと管理されて大事に育てられます。

ただ僕の場合、奥さんが世話をしないので、もはや野放し状態。

つまり、野良鳥みたいになったわけです。自分で餌をとるようになるわ、下手したら野犬とも戦うわ。それぐらいの強い鳥になったわけです。

飼い主がちゃんと世話をしないと、鳥は強くなるんです。

だから僕自身の経験から、女の人は良妻賢母で男を世話すればするほど、男をダメにしていくんだということがわかったのです。

男性って、甘やかしすぎると成長しないいけれど、いい意味でほったらかしにすると強くなっていくんです。

さらに、そういう男性のほうが「女性のためにいろいろやってあげたい気持ち」もぐんぐん育つので、女性はいつまでもお姫様でいられる

のです。

心屋夫婦からのワンポイント・アドバイス

世話ばかりしていると、男性は何もできないダメンズになってしまう。
「放牧」is the best!

家事や育児が好きじゃないなら「悪妻愚母キャラ」を確立しよう！

この本を読んでいる方の中には、家事や育児が好きじゃないという方もいるかもしれません。

そういう人が、「いい妻」「いい母」になろうと頑張るから苦しくなる。やりたくないことばかりやって自分にガマンを強要するから、ついイライラして、夫や子どもに八つ当たりしてしまう。

その結果、「怖い妻」「怖い母」になってしまうのです。

じゃあ、そういう女性たちはいったい誰の目を気にして、いい妻、いい母になろうとしているのかというと、世間の目というより「オカンの目」なんですよ。

無意識に「こんなことをしたら、お母さんからどう思われるだろう」と気にして、自分を責め、一人反省会をしているんです。実際にお母さんが見ているわけではないのに。不思議ですよね。

だから、まずすべきなのは、頭の中からオカンを追い出すこと！
自分責め反省会を始めたら、一言。

「オカン、うるさい！　黙っとれ！　私の好きにさせろ！」

とつぶやく癖をつけましょう。
自分責め反省会は、一ミリもいいことがないですからね。

それに旦那さんだって、うすうす「こいつ、全然家庭的じゃないな」って気づいていると思うので、「私は家事も育児も好きじゃない」と正直に伝えてみましょう。

そしたら、「僕、家事好きだから代わりにやるよ」と言ってくれるかもしれないですし。逆に、怒られるかもしれませんが、それでも「言ってみる」って大事なんです。

自分のためにも。

あとは親にお願いしたり、家事育児を外注してもいいじゃないですか。イライラして家族に八つ当たりする前に、さっさと誰かにお願いしましょう。

そして、良妻賢母じゃなくて、悪妻愚母キャラをじわじわと確立していきましょう。

目標は二つ！

「お前は、ホント仕方がないねぇ」と、夫をはじめ周りの人から言われることと、「だって私できないもん！　あははは」と自分で笑えるようになること。

でも旦那さんもお子さんも、突然キャラが変わったらビックリすると思うので、1年とか2年とか時間をかけて、ちょっとずつちょっとずつ、悪妻愚母のキャラづくりに向けて邁進してください。
そうすると毎日が楽しくなって、結果、世間とは違うけど「いい妻」「いい母」になれますから。

心屋夫婦からのワンポイント・アドバイス

まずはオカンを頭から追い出して、悪妻愚母キャラを目指そう！

夫の大失敗も笑い飛ばせるのがアゲ妻⁉

僕はこれまで、奥さんに救われたことがたくさんありますが、「あの事件」が起きたときは、本当に救われました。

それは2年前のこと。

僕は間違って、赤の他人に会社のお金2千万円を振り込んでしまったのです。間違えすぎですよね（笑）。

しかも2千万円って、ものすごくデカい金額じゃないですか。

でも、いったん口座に振り込んでしまったら、振込先の本人から了承を得ないと戻せないのだそうです。たとえ銀行側がどんなに頼んだとしても……。

久しぶりに青ざめました。

そして「これは妻であり副社長でもある奥さんにも、きちんと報告しないとアカンな」と思って、恐る恐る……

間違って、2千万円を赤の他人に振り込んでしまった。

と告白すると、奥さんの第一声は、

カッコイイ〜！

だったんですよ。

「なんでそんなことしたの!?」と激怒されるんじゃないか、一つや二つ嫌味を言われるんじゃないかと思ってビクビクしていたので、彼女の反応に心底驚きました。

えっ⁉　でも、2千万円返ってこない可能性もあるのよ。返ってこなかったら、どうするの？

と聞いたら、

また稼げばいいじゃん。どうせまた稼いでくるでしょ。あはははは。

って笑うんですよ。ほんまにこの人はすごい人だなと思いました。

そして「他人に2千万円を振り込んで返ってこない状況って、人生でそうそう味わえないから」と。

これはもう、乾杯するしかないね。ビール飲もう！

と言って、二人で謎の乾杯をしたのでした。

この事件は完全に僕の凡ミスですが、長い人生の中で、時には大失敗をしてしまうこと、不安を感じることってあると思うんです。

とくに僕みたいな仕事をしていると、毎月安定してお給料が入ってくるわけではないし、「一寸先は闇かもしれない」と不安になることだって正直あります。

でも隣で、いつも奥さんがあっけらかんと笑ってくれている。

仁さんと一緒にいると、何が起こるかわからないから、ワクワク感があるんだよねぇー。

と言って面白がってくれる。

そういう奥さんがそばにいるからこそ、僕はどんなに大きなミスをしても這い上がれるし、失敗を恐れずにどんどん挑戦していけると思うのです。

奥さんには、本当に感謝ですね。

そうそう、ちなみに間違って振り込んだ2千万円は、その後無事に返ってきたのでご安心ください。

心屋夫婦からのワンポイント・アドバイス

夫の失敗を笑い飛ばせる女性、夫を守りに入らせず挑戦させ続ける女性はアゲ妻。

男性には「何をしてほしいか」を具体的に何度も伝えよう

僕の周りにいるお金持ちの男性に、「奥さんからなんて言われるのが一番うれしい？」と聞いたことがあります。

だいたいの男性が、「すごい！」「さすが！」「ありがとう！」と言われたいのだそうです。

男ってわかりやすいし、単純ですね（笑）。

でも女性って、人によって「可愛い」「きれいだね」と容姿を褒めてほしい人もいれば、センスを褒めてほしい人もいる。
「君のおかげで」と感謝してほしい人や「君と一緒にいると楽しい」と言われたい人もいる。千差万別です。

なので女性に「すごい！」「さすが！」「ありがとう！」と言っても、男性のように喜ばないし、ピンとこない人も多いのです。

そこで、僕から女性のあなたに提案です。

あなたのほうから、「自分はどう言われたら

嬉しいか」を男性に伝えてください。察することを求められても男性には不可能ですから（相手がふーん族ならなおさら）。

それは褒め言葉だけではありません。
あなたが「何をしてほしいか」も具体的に伝えてください。

たとえば、愚痴を聞いてほしいとき。

女性はただ「そうなんだ、大変だったね」と共感して聞いてほしいだけなのに、男性は女性の役に立ちたくて、「こうしたらいいんじゃないか？」と一所懸命、解決策を提案してきたりしますよね。

女性は、そんなアドバイスをまったく求めていないのに。

正直、ウザいですよね（笑）。とくにめっちゃ族のアドバイスは‼

じつは僕も若い頃はそれがわからず、よかれと思って女性にいろいろ提案していました。でもね、僕みたいな男性って世の中に多いと思うのです。

だから、もしあなたがそんな状況に陥ったら「ただあなたに話を聞いてほしいの。そうだったんだぁと共感してほしいの。今はアドバイスはいらないから」と伝えてください。

でもそう伝えたとしても、残念ながら、男性はしばらくすると忘れてしまうんです。しかも女性のヒーローになりたい願望が強いので、次に同じ状況になったとき、またここぞとばかりに解決案を一所懸命出してくると思います。

うんざりすると思いますが、そのたびに繰り返し伝えましょう。

諦めちゃダメです！

女性は男性に対して「〇〇してって言っても、あの人は言うことを聞いてくれない。あの人に何を言っても無駄だ」って諦めちゃう人が多いけど、1回じゃダメなのよ。日常の中で根気強く、何回も何回も伝えていかなくちゃ。

そうだね。うちも何年もかかったもんね。1回で諦めたらアカンね。

男性の考え方や行動を変えるのは、並大抵のことではありません。
だって、長年そうやって生きてきたのですから。
だから、もし男性に1回言って変わらなかったとしても、

「何をしてほしいのか」
「何をしてほしくないのか」
「どうされると悲しくて、どうしてもらえると嬉しいのか」

を具体的に、何度も伝え続けましょう。ここは踏ん張りどころです。頑張れ！

心屋夫婦からのワンポイント・アドバイス

男性に１回言っただけでは伝わらないので、優しく根気強く、教育し続けましょう。

終章

「夫婦神話」を捨てたらもっと幸せになれる

嫌なことは嫌と言おう！
時にはキレたっていいんです！

ついに終章まで来ましたね！　いよいよ佳境です。

この章では、僕と奥さんがさらに仲良くなった理由、争いのない平和な日々を過ごせるようになった理由について綴っていきたいと思います。

僕たちがよく喧嘩をしていたという話は、これまで散々してきましたが、

じつは以前の奥さんは、僕がキレても何も言い返せない人でした。

でもあるときから、奥さんも言い返すようになって、夫婦の関係がよくなっていったんです。

それまで私は、人に怒鳴られるって人生で経験がなかったの。お父さんにも怒鳴られたことがなかったし。だからキレている仁さんを見て、ただただビックリして何も言えなかったんだよね。

そうだよねぇ。君のお父さんはすごく穏やかで、器の大きい人だもんね。
それに比べ、当時の僕の器の小ささったら

……うわぁぁぁ！　思い出すだけで、ものすごく恥ずかしい（悶絶）

でも夫婦喧嘩をする中で、仁さんに感情をぶつけられて、今まで自分でも感じたことがない感情が湧き出てきて。初めて怒鳴るってことを覚えたの。そのときに、「あっ、そうか。嫌だったら、嫌って言えばいいんだ」って気づいたんだ。

君に初めて言い返されたときは、僕もビックリしたし腹も立ったけど、でも一方で安心したんだ。「奥さんは、そんなに嫌なんだ。これだけ言ってもできないんだ」って本当にわかったから。

それに、それまで無自覚だったけれど、自分の中で「怒っちゃいけない」と、どこかで思っていたことにも気づいたの。怒りの感情を抑え込もうとしていたんだよね。

でも、どんな感情にも自分自身がオープンになって許してあげていいんだ、ちゃんと自分の気持ちを表現さえしていれば、ストレスも溜まらないし、こじれないんだって気づいたの。

怒りや悲しみなど、負の感情を出してはいけない。そう思って、本当は言いたいことがあるのに、何も言えず黙り込んでしまう。

そういう夫婦って、意外に多いのではないでしょうか。

でも嫌なら嫌とちゃんと言わないと、相手に伝わらないし、感情を抑え込んでいたら、いつか取り返しがつかなくなるほど大爆発してしまう。

火山が噴火して、あたり一面焼け野原になる前に、時々キレてガス抜きをしたほうがいいんです。

心屋夫婦からのワンポイント・アドバイス

取り返しがつかなくなる前に、キレよう！

ガマンせずに、やりたいことをやろう！

僕はやりたいことがあっても、奥さんが嫌だと言えばガマンしている時期が何年もありました。そのほうが、仕事がうまくいったのです。

やはり夫婦とはいえ、価値観が違う他人。
どんなに僕がやりたいことでも、奥さんからしたら嫌な場合があるし、逆に奥さんがやりたいことでも、僕にとってはやめてほしいこともある。
なので僕は、「相手を悲しい気持ちにさせるくらいだったら、自分がガマンすればいい」と考え、いろんなことを諦めていました。

でもあるとき、やりたいことがあると伝えたあと、奥さんに嫌だと言われて諦めようとしていたら……

なんでやめるの？

と聞いてきたことがあったんです。

なんでやめるのって、君が嫌だって言うからやめるんじゃないか。

と答えると、

でも、仁さんが本当にやりたいことなんでしょ？　だったらやってほしい！　私が嫌だったとしても、そんなことくらいでやめないで。仁さんには、自分がやりたいことをやって輝いてほしい。

と言われたのです。

なぜそんなことを言いだしたのか。

僕は心理カウンセラーになって10周年の記念に、夢だった武道館での単独ライブをしたのですが、その2カ月前、奥さんのブログに、その理由が書かれていました。

こんにちは、心屋智子です。

ワタクシ、ハッキリと心に決めていることがあります。
これだけは、死んでも絶対にぶれることがありません。

それは、仁さんが自分でやると決めたことは、どんなことであっても応援すること。
だから、自分のやりたいことをやりたいようにやってください、と彼に言っています。

妻の私には、彼のやることすべてが喜ばしいことではまったくありません。個人的に嫌だと感じることはたくさんあります。もちろん、喜ばしいこともたくさんあります。どちらもあるわけです。

あるとき、彼が、「〇〇してもいい？」と聞いてきました。理由を尋ねると、

「智に嫌な気持ちになってほしくない」

優しい言葉ですね。

でも、そのとき、内心イラっとしたんですね（笑）。

智が嫌な気持ちになって欲しくない、という言葉に。

あなた、ものすごく都合がいいこと言いますね、と。

きつい言葉で言うと、残念ながら、それは彼の都合、男の勝手なわけです。

私が嫌な気持ちになるならないは、彼にコントロールできるものではありません。

誰にもコントロールできないわけです。

「君を悲しませることをしたくない」

そんなセリフは、今の私には嬉しくもなんともない（若い人にはわからないかも）。

それよりも、自分が本気で決めたなら、それをただやってほしい。

その姿を私はカッコいいと思う。はっきり、そのときに自覚したんです。

もちろん、結婚当初からそうだったわけではありません。

たくさんぶつかって、たくさんの場面を一緒に過ごしてきたからこそのいまの境地です。

なので、武道館も、本気でやりきってほしいんです。

武道館ライブは、10年ほど前に彼に出会ったときに、

彼の「宝地図」（夢を叶えるためのツールの一つ）に書いてあったのです。

ベストセラー作家になること、とともに。

私は、彼の夢の実現を、心から応援しています。
ライブは、お客様である皆さんがいてくれて初めて成立します。ヨガ的に言うと、
見るものと見られるもの。
それは常に対であり、セットであり、どちらが欠けても成り立ちません。

だから、仁さんの武道館ライブには、
皆さんお一人お一人が参加してくださることは、もう決まってるってことだね。
カウンセラーが武道館ライブなんて、歴史的快挙ですよね？

一緒にその奇跡の日を楽しみましょう。
会場で、ぜひお会いしましょう！

心屋　智子

このブログを書いたときのことを、奥さんはこんな風に話してくれました。

ミュージシャンでもない、いち心理カウンセラーが、あの武道館というステージに立つ。しかも一人で。それってかなり気合いのいることだと思うけど、自分がやると決めたことを本当にやるってカッコイイじゃない？
そういう仁さんの姿を見て、「自分がしたいと思ったことは、絶対やったほうがいいんだ」と改めて思ったんだ。

この頃から、僕たちはお互いにやりたいことをガマンせずにやるようになりました。
すると、イライラすることがなくなっていきました。

やっぱり人って、自分がやりたいことをガマンしていると不満しか残らないのです。

たとえば、奥さんは一人旅するのが好きなんですね。だから結婚してからも、1カ月半ぐらい一人でタイやインドへ行ってしまうこともありました。

でも僕が「そんなに長期間、一人で海外へ行くなんでダメだ!」と言って、奥さんが「わかった、じゃあ行くのやめる」と諦めたとしたら、「本当は行きたいのに」という気持ちのまま家にいるわけです。

そしたら、奥さんも不満が溜まってくるだろうし、その暗~いオーラが伝わってきて僕も居心地が悪くなる。

それならいっそのこと思うがままにしてくれたほうがいい。僕が嫌がろうが、インドやタイに行ってくれたほうが、お互い成仏するんですよね。そう考えたら、彼女がどんなに長く海外に行ったとしても、逆に嬉しくて「よかったねぇ」と思います。

もしパートナーが、あなたがやりたいことを嫌だと反対するのであれば、この際とことん話し合いましょう。

それで喧嘩をすることもあるかもしれませんが、喧嘩をし続けていくと、なんで相手が怒るのか、嫌がるのか、ポイントがわかってきます。

たとえば、安全面が心配だから一人で海外旅行へ行くことに反対しているとわかったら、現地の信頼できそうなガイドをつけたり、毎日メールで安否を連絡することなどを提案すれば、相手の不安も少しは解消されるかもしれませんよね。

本当にやりたいことなら、諦めちゃダメです！

相手から嫌だと言われてもすぐに諦めるのではなく、何が懸念点で、何をクリアにすれば問題が解消するのか、とことん話し合いましょう。

そしてお互いがやりたいことをやっていると、人生を2倍楽しめるようになります。

うちの奥さんは、ヨガや禅、気功など、僕とまったく接点がない世界を歩いています。だから、僕が知らない世界を見せてくれるんです。

こんな面白いことあったよ。

へぇ〜！　面白いね！

と二人で分担して経験して、それをシェアし合っているみたいなところがあるんです。

自分一人だけの世界だと、どうしても視野が狭くなってしまいがち。でも、それぞれがやりたいことをやって楽しんでいると、人生が膨らんで面白くなるのです。

心屋夫婦からのワンポイント・アドバイス

ガマンせずに、お互いにやりたいことをやっていると、人生が2倍になる。

夫婦の数だけ正解がある

世の中には、「夫婦たるもの、こうあるべき」というような「夫婦神話」ってありますよね。

たとえば、「おしどり夫婦」という言葉があるように、いつも一緒に趣味を楽しみ、よく語り合い、手をつないで寝る……そんな仲良し夫婦がいい、みたいな神話ってありますよね。

以前の僕も、そういった「夫婦神話」を握りしめて苦しんでいました。

奥さんと二人でハワイへ行ったときもそうでした。

僕たちは趣味が全然違っていて、彼女はビーチでのんびりしたいタイプ（飛ぶ族）だけれど、僕はビーチでボーッとできないタイプ（飛ばね族）。そこで、お互い好きなことをするのが一番いいからと、

昼間は別行動して、夜だけ一緒にご飯を食べよう！

と奥さんに提案され、僕は一人でゴルフへ行き、彼女は一日中ずっとビーチでゴロゴロしていました。

私はものすごく至福のときだったんだけど、仁さんが不機嫌になっちゃったんだよね。

僕からしたら、寂しい、寂しい……。一緒にハワイに来ているのに、なんで君はビーチで僕はゴルフなんだろうって、悲しくなっちゃったの。

本当は夫婦で一緒に楽しみたいのに、できな

い僕たち。「奥さんは僕と一緒にいたくないんだ……」と思ってしまった。
そして周りを見回すと、何をするにも常に一緒にいる「おしどり夫婦」たちがいる。彼らを見て、僕は心底羨ましかったんです。

でもそれは、彼らにとって「常に夫婦で一緒にいることが心地いいから」やっているだけで、それができないからダメな夫婦かっていったら、全然そんなわけではないんですよね。

いつも一緒にいなくても、なんなら別居していてもうまくいっている夫婦だってたくさんいるんです。

あるとき、それに気づいて、「夫婦は一緒にいることが素晴らしい」という「夫婦神話」を捨てることにしました。

奥さんは奥さんで、行きたいところがあったら行けばいいし、僕も僕で行きたいところがあったら行く。たまたま行きたい場所が同じだったら、一緒に行く。それでいいじゃないかと。

パートナーでは埋められない欲求や趣味や価値観があれば、パートナー以外でそこを埋めるのもアリじゃないかな。そう思うのです。

ひとりの人にすべてを求めること自体が無理があるんじゃないかと思うようになったのです。

たとえば僕が好きで奥さんが嫌いなこと。僕

は戦闘機とか祭りとか花火とかが好きで、でも彼女はどちらかといえば嫌いで、それでも一緒に行きたいという僕の気持ちで「連行」すると、彼女がガマンすることになる。それも本意ではなくて。

だから僕は、そういうのが好きな人と旅行に行くことにしました。それが異性であっても。奥さんもそれを大きく許してくれる。

逆に奥さんは、オーガニックなものが大好きで、僕はどちらかといえば嫌いで、ジャンクなもの（丼とかカレーとかラーメンとか）のほうが好み。

だから旅の途中で別行動することもあるし、僕は僕でジャンクなものが好きな人に付き合ってもらうわけです。そういった人たちの存在に、とても救われています。

でも罪悪感があったらきっとできないです。そこは頑張って乗り越えてみたのです。

そうやって「夫婦神話」を捨てたら、ものすごく気持ちがラクになり、お互い自由にやりたいように生きられるようになりました。

世の中には、ほかにもこんな「神話」があります。

夫婦仲がよくて、
子どもがいい子で優秀で、
親子関係も良好なのが理想の家族だ。

妻は良妻賢母で夫を立て、
夜のおつとめも完璧で、
料理も上手で、
家事や育児も見事にこなし、

つねに美しく輝いているべきだ。

でも、そうであろうがなかろうが、そんなの関係なく幸せになっていいんです。

世の中には本当にいろんな人がいて、個性も価値観もみんな違う。

そして男女の組み合わせも様々。子どもがいる夫婦もいれば、いない夫婦もいるし、子どもだって、いろんな子どもがいる。

だから、夫婦の数だけ正解があるのです。「神話」にとらわれず自分たちに合う「夫婦の形」をつくっていけばいいのです。

それと、神話を崩すには、神話やマイルールという「ねば」や「べき」を、「いい」（許可）に変えていくことが必要です。

「〜しなければいけない」「〜でなければいけない」「〜はいけない」という「いけない」（禁止）を、パートナーを使って、一つひとつ「いい」に変えていくことが、「いい」の数を増やしていくことが、幸せを増やしていくことだと思うのです。

だから、「ケンカしてもいい」「意見や価値観が合わなくてもいい」「離婚してもいい」、なんでも「いい」と自分とパートナーを許し合える関係がとても素敵だなと思います。

実際そうやって僕も、自分の行動も奥さんの言動もすべてを「いい」に変えて、「勝手な期待」をしないようにしてきたつもりです。

そしたら、奥さんにひとつも腹が立たなくなってしまって、可愛くて素敵なところばかり見えるようになったのです。

また、こんな風に考えている人はいませんか？

「成功するには、夫婦仲が良くないとダメだ」
「夫婦仲が良くないと、幸せではない」
「成功できないのは、幸せじゃないのは、夫婦仲が良くないからだ」

これらも全部「神話」なんじゃないかなと思うのです。

パートナーシップがうまくいっている＝成功する
パートナーシップがうまくいっている＝幸せ

ではないのだから。

パートナーシップはうまくいっていないけど、成功している。
パートナーシップはうまくいっていないけど、幸せ。

という人もいるのです。

僕の場合も、夫婦関係で悩んで苦しんでいたからこそ心屋の心理カウンセリング理論が生まれ、「飛ぶ族・飛ばね族」「めっちゃ族・ふーん族」を発見できたし、なんなら、夫婦関係で悩んで苦しんでいた時の方が、会社の数字は良かったんです（笑）。

だから、「夫婦仲がうまくいっていない自分」を責めないでほしいし、「今、物事がうまくいっていないのは、夫婦仲が悪いからだ」と思わないでくださいね。

最後に、「離婚しないのがいい夫婦」という神話がありますが、みなさんはどう考えますか？

「離婚しない人が人格的に素晴らしくて、離婚する人はガマンや努力が足りない」のではないと思うのです。

「離婚する」という決断ができることも素晴らしいと思うのです。

実際、僕も一度離婚していて、今の奥さんは二人目。

カウンセラーを始めてからの離婚で、二人がそれぞれ自分らしく生きるために、それが「ベスト」として選択した結果でした。

そして、前の奥さんで乗り越えられなかったことを、今の奥さんとならなんとか乗り越えることができたわけで。だとしたら、離婚というのも、最高の選択なのだなぁ、と思うのです。

だから、何度離婚してもいいし、何度結婚してもいいんです。車を乗り換えるみたいに。そのうち、ぴったりくる、喧嘩なんて一つもない人と巡り合うかも、ですしね。

心屋夫婦からのワンポイント・アドバイス

夫婦のあり方は夫婦の数だけあっていい

おわりに

先日、夫婦でパートナーシップに関するインタビューを受けた際、僕の奥さんはこんなことを言っていました。

私は周りの友達に、「結婚するのもいいものだよ」と言っているんです。

恋人同士であれば、嫌なことがあったら距離をおけばいいけれど、結婚して家族になると、そうはいかない。恋人より深いレベルで関わらなくてはいけないから、私と仁さんもこれまで数えきれないほど喧嘩をして傷つくこともありました。

でも、そうやってぶつかってきたからこそ、見えてきたことがたくさんあった。

お互いがお互いにしか見せない側面を見せ合っていく中で、私自身も知らなかった「新しい自分」に出会えたんです。それは私にとって宝物なんです。

さらに続けて、こんなことも言っていました。

仁さんはよく「心屋の歴史は、奥さんとの歴史だ」と言ってくれるんですが、それは私にとっても同じ。

結婚してから今日に至るまで、仁さんと過ごす中で私もどんどん変化していった。一人で生きていたときと比べたら、全然違う自分になったんです。

僕たちは揉めながらも、お互いちょっとずつ自分を変えて成長してきたんですね。

僕が変わったら奥さんも変わったし、奥さんが変わったら僕も変わった。

そうやって、二人でぐるぐると一緒に上がってきたのです。

そして、奥さんとの葛藤から生まれた気づきが、「心屋心理カウンセリング」の理論となり、これまでテレビや本や、講演会やライブを通じてみなさんにお伝えしてきました。

でも、この理論に出会って一番救われたのは、僕自身なのです。

奥さんに出会うまで、僕は狭～い狭～い入り江の中で生きていました。

でもそこに奥さんがやってきて、

こんな狭いところ嫌だ！

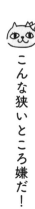

とその入り江を飛び出していってしまった。僕が慌てて、

えっ、ちょっと待てよ！

と叫んでも、奥さんは完全無視。ものすごいスピードでビュンビュン泳いでいってしまうので、僕はそれを必死で追いかけていった。

でも、今まで生きてきた入り江とは違って、水深が深くて足がつかないから、僕は何度も、

うわぁぁぁぁ

と溺れて死にかけたけれど、奥さんはそんなことおかまいなしにビュンビュンいっ

てしまう。

そんな奥さんに無我夢中で、危険だと思って今まで行かなかったところまで追いかけていったら、急に広い海に出た。

そして、目の前には今まで見たことがない世界が広がっていた。ものすごく楽しくて、信じられないぐらい生きるのがラクな世界が広がっていた。

そんな感じなんです。

だから今となっては、奥さんとの苦悩の日々があってよかった、お互いの違いを理解できず悶え苦しんだ日々があって、本当によかったと思うのです。

この本を読んでいる方の中には、パートナーとの関係に悩んでいる方もいるかもしれません。

でも、パートナーシップは人生最大の学び。
ぜひ相手とぶつかってぶつかって、ぶつかりまくって、たくさん学んでください。
その苦しみの先に、新しい自分、新しい世界が待っていますから。

また、この本を読んでいる方の中には、パートナーとお別れをして辛い思いをされている方もいるかもしれません。

でも、大丈夫。

僕も一度目の結婚は、離婚という形で終わってしまったけれど、今、すごく幸せだから。楽しく生きているから。

離婚しても、大好きな人とお別れすることになっても、なんとかなるんです。また、ちゃんと出会うべき人に出会って、順番に幸せになるから大丈夫なんです。全然心配しなくていい。

本書を読んだみなさんが、パートナーシップを通じて多くのことを学び、よりよい人生を歩まれることを心から応援しています。

そして最後に、長年にわたるドロドロの葛藤を共に乗り越えてくれた、奥さんへ。

出会った当時は、まだ売れない心理カウンセラーだった僕と、あなたのご両親からしたら「君はいったい何の仕事をしているんだ?」状態の僕と、結婚してくれて、ありがとう。


そして、何度も夫婦関係を諦めそうになったとき、

「嫌いになるときもあるし、嫌なところもあるけれど、基本は好きだから！」

と言って、諦めずに僕と一緒にいてくれて、ありがとう。


あなたのおかげで、僕の人生は大きく変わりました。

あなたに出会えて、本当によかった。

これからも末長く、どうぞよろしくお願いします。

心屋仁之助

心屋仁之助

心理カウンセラー。個性を生かして性格を変え、自分らしく生きるための手助けをする「性格リフォームの匠」として、テレビ出演でも話題になる。

大手企業の管理職として働いていたが、自分や家族の問題がきっかけとなり、心理療法を学び始める。現在は京都を拠点として、全国各地でセミナー、講演活動やカウンセリングスクールを運営。

その独自の「言ってみる」カウンセリングスタイルは、たったの数分で心が楽になり、現実まで変わると評判。現在、個人カウンセリングは行っていないが、スクール卒業生により全国各地で心屋流心理学のセミナーやボランティアでのグループカウンセリングが広く展開されている。

著書の累計発行部数は450万部を突破。公式ブログ「心が風に、なる」は月間1000万アクセスを記録する人気ぶり。

『がんばらない成長論』（学研）、『一生お金に困らない生き方』（PHP研究所）、『もう、がまんしない。』（大和書房）、『いいかげんに、生きる』（朝日新聞出版）など、著書多数。

● 公式ホームページ「心屋」で検索
https://www.kokoro-ya.jp/

● 公式ブログ「心が風に、なる」
https://ameblo.jp/kokoro-ya/

「夫婦神話」を捨てたら幸せになっちゃいました

2019年 6月20日　第1版　第1刷発行

著　者　心屋仁之助
発行所　WAVE出版
〒102-0074 東京都千代田区9 九段南3-9-12
TEL 03-3261-3713　FAX 03-3261-3823
振替 00100-7-366376
印刷・製本　萩原印刷

NDC159 192P 19cm　ISBN978-4-86621-222-7